CONTENIDO

INTRODUCCIÓN

En el mundo actual, los *emails* reemplazan a las cartas manuscritas, los mensajes de texto a las llamadas telefónicas y los *posts* (mensajes publicados) de los medios sociales a las conversaciones cara a cara. Por eso no es de extrañar que un programa que condensa los mensajes en 140 caracteres sea popular. Con Twitter, se está en contacto con amigos y familiares, se tiene conocimiento de la actualidad, se envían mensajes a los famosos preferidos y se sigue la pista a los grupos que interesan.

Twitter (en español 'gorjear') apareció un par de años después de otras redes sociales similares, como Facebook. Pasó por varios nombres antes de quedarse con el que ahora es tan conocido, cuya definición según un diccionario reza: "Corto paquete de información irrelevante". Como dijo su fundador, Jack Dorsey, Twitter era el nombre perfecto para el programa porque "refleja exactamente lo que es". Evan Williams, cofundador, añadió: "¿Desde cuándo tiene todo que ser útil?".

Al principio, Twitter solo contaba con un puñado de usuarios. Hacia 2012 tenía 200 millones, que enviaban cientos de millones de tuits (mensajes) a la semana. En el momento de esta publicación, los usuarios alcanzan 328 millones, y los tuits de 140 caracteres enviados por todo el mundo en un solo día, 500 millones. Contrariamente a lo que suponían al principio sus fundadores, se ha convertido en una herramienta útil y

CULTURA DIGITAL Y DE LA INFORMACIÓN

TUITEAR CON UN OBJETIVO

TAMRA B. ORR
TRADUCIDO POR ALBERTO JIMÉNEZ

rosen publishing's
rosen central
New York

Published in 2018 by The Rosen Publishing Group, Inc.
29 East 21st Street, New York, NY 10010

First Edition

Library of Congress Cataloging-in-Publication Data

Names: Orr, Tamra, author.
Title: Tuitear con un objetivo / Tamra B. Orr, translated by Alberto Jiménez.
Description: New York : Rosen Central, 2018 | Series: Cultura digital y de la información | Includes bibliographical references and ÍNDICE. | Audience: Grades 5–8.
Identifiers: ISBN 9781477789971 (library bound) | ISBN 9781499439809 (pbk.) | ISBN 9781499439861 (6 pack)
Subjects: LCSH: Twitter. | Microblogs. | Social networks.
Classification: LCC HM743.T95 O77 2018 | DDC 302.3—dc23

Manufactured in the United States of America

Twitter, que posibilita compartir mensajes cortos con usuarios de todo el planeta en cuestión de segundos, es popular entre todo tipo de gente.

relevante. De hecho, muchos creen que no solo es revolucionaria por facilitar que todos estemos en contacto, sino por su profunda influencia en los medios de comunicación, los negocios y la política. Y lo que es mejor, por tratarse de una red social con un objetivo.

Twitter abrió todo un mundo de posibilidades para el periodismo ciudadano. Cuando sucede algo importante (desde un desastre natural al escándalo de un famoso), cualquiera que disponga de un *smartphone* o una computadora está solo a unos segundos de compartir las noticias con el resto del planeta. Steven Johnson, autor del libro *La invención del aire*, dijo de la plataforma: "Esto es lo que no acaban de entender sus detractores: es tan fácil usar Twitter para difundir un brillante artículo de 10,000 palabras del *New Yorker* como para proclamar tu adicción a los cereales Lucky Charms".

También abrió una puerta recién estrenada para la comunicación entre los empleados (CEO) de una compañía y sus clientes. Las empresas envían mensajes a sus posibles compradores en tiempo real; los clientes formulan preguntas, exponen quejas y expresan elogios. Los políticos y sus electores también se conectan, por lo que otros ciudadanos pueden condenar o aplaudir sus actos y debatir entre sí.

A través de las redes sociales en línea es posible lograr muchos objetivos, y Twitter proporciona una forma de conjugar la diversión con otros propósitos mediante un simple portátil, un *smartphone* o cualquier otro dispositivo conectado a Internet. Sea cual sea la razón de estar en Twitter, por entretenerse, por ser fan o seguidor de alguien, por relacionarse profesionalmente, por activismo político, siempre se puede aprender qué es tuitear con un objetivo.

Capítulo 1

Amigos, familia y diversión

Hay muchas razones para entrar en Twitter y enviar mensajes a los amigos, los seguidores y el "tuiteruniverso" en general. Ya sea para compartir tu indignación con la tienda de yogur helado local por no vender ya de arándanos, quejarte de un amigo que siempre llega tarde, protestar por un examen sorpresa o hablar con entusiasmo de la última película que viste, tendrás audiencia asegurada. Por supuesto, eres libre de decir lo que quieras, pero las posibilidades no se acaban ahí.

Hacer amigos

Aunque Twitter es genial para estar en contacto con los amigos, también lo es para hacerlos. Sin embargo, como en la vida real (IRL, por sus siglas en inglés), eso cuesta. Supone seguir cuentas, retuitear (RT, reenviar mensajes de otros) y comentar con frecuencia los mensajes publicados. Y hay que hacerlo enseguida, porque los usuarios que tuitean tienden a fijarse en lo nuevo muy deprisa. Una vez que conectas con alguien que te divierte o te interesa, la plataforma resulta mucho más atrayente.

Twitter ayuda a poner en contacto personas con intereses afines, como *skaters*, músicos, periodistas, activistas, fans y muchos más.

Para encontrar personas afines, usa la función de búsqueda. Pon términos relevantes —el nombre de tu instituto, tus escritores o músicos favoritos, o cualquier cosa que se te ocurra— y espera a ver quién aparece. Si utilizas la búsqueda avanzada, podrás incluir múltiples criterios. Recuerda que no puedes enviar mensajes directos (DM) a la gente hasta que te sigan, así que empieza por contestar directamente a uno de sus tuits. Inicia una conversación y continúa.

File Edit View Favorites Tools Help

NACIMIENTO DE TWITTER

Nacimiento de Twitter

Al igual que otros muchos inventos de la era tecnológica, Twitter surgió por una mezcla de creatividad, imaginación y paciencia. Oficialmente, nació en la primavera de 2006, y el primer tuit fue un mensaje de Jack Dorsey, uno de sus cofundadores. El 21 de marzo del 2006, publicó: "Acabo de instalar mi twttr". (El nombre del programa ganaría dos vocales antes de darse por finalizado).

Dorsey y otros empresarios expertos creían que Twitter daría a la gente la oportunidad de compartir su situación en el mundo (como ocurría con los mensajes de texto), pero con un público más amplio y por escaso o nulo coste. Cada mensaje se ceñía a 140 caracteres porque, en principio, la plataforma se diseñó para celulares, y ese era el límite impuesto por las compañías telefónicas.

¿De dónde proviene el uso de la almohadilla # (*hashtag*, en inglés)? En realidad, de los usuarios del programa. Como querían identificar a otros sin necesidad de tuitear o responder a un mensaje específico, pusieron el símbolo delante de ciertos nombres de usuario o apodos. Otra incorporación, debida a los fans, fue anteponer *RT* al mensaje para indicar que era retuiteado; unos años después, la novedad se convirtió en parte del formato de la compañía.

En *Twitter for Dummies* ('Twitter para tontos'), los escritores Laura Fitton, Anum Hussain y Brittany Leaning dicen que Twitter es también útil "para *couch-surfers* [viajeros que se alojan en casa ajena para ahorrar], porque llegan a conocer gente interesante y servicial en diferentes campos. Como Twitter ayuda a relacionarse a un nivel más personal, los amigos que se hacen en línea acostumbran a tratarse también fuera de ella".

Casi todos los usuarios jóvenes sacan ventaja de las tecnologías de los dispositivos móviles, como los *smartphones*, para estar conectados en las redes sociales como, por ejemplo, en Twitter.

Seguir a los famosos

Sin duda, una de las razones de la popularidad de Twitter es que permite tener cierta cercanía y privacidad con los famosos y los creadores. Los fans están al tanto de su vida cotidiana porque músicos, escritores, cineastas, artistas y muchos otros famosos tienen cuenta en Twitter.

File Edit View Favorites Tools Help

LOS USUARIOS DE TWITTER: ¿QUIÉNES SON?

Los usuarios de Twitter: ¿quiénes son?

¿Quiénes utilizan Twitter? ¿Y para qué? Según una infografía de HubSpot:

Usuarios activos	312 millones
Tuits enviados al día	500 millones
Porcentaje de usuarios menores de 18 años	16 por ciento
Porcentaje de usuarios de entre 18 y 29 años	37 por ciento
Porcentaje de usuarios de entre 30 y 64 años	37 por ciento
Porcentaje de usuarios mayores de 65 años	10 por ciento
Horas punta de utilización	De mediodía a 18:00

La investigación del American Press Institute también demuestra que el uso de Twitter responde a varias razones, entre ellas (de más a menos popular):

- Estar enterado de o saber más de las últimas noticias.
- Mantenerse al tanto de las noticias en general.
- Pasar el tiempo.
- Contar a otros qué se hace o qué se piensa.
- Ver de qué hablan otros.
- Estar en contacto con amigos o familiares.
- Seguir a los famosos.
- Compartir novedades.
- Relacionarse.
- Seguir los temas del momento (*trending topics*).

¿Cuántos seguidores tienen los famosos? Las cifras cambian sin parar, pero en 2017, Katy Perry tenía 102 millones; Justin Timberlake, 62 millones; Lady Gaga, 68 millones, y el expresidente Barack Obama, 93 millones. El presidente Donald Trump acabó con 20 millones de seguidores justo antes de su investidura en enero de 2017.

Según la revista *Forbes*, las veinte cuentas con más seguidores son de celebridades. Los fans pueden gritarles su apoyo por actuaciones recientes; los críticos, regañarles por decisiones profesionales que creen equivocadas; otros, simplemente preguntarles algo o saludarlos.

Ciertos programas de televisión dan también gran importancia a Twitter. *Scandal*, *Pretty Little Liars*, *The Voice* y *The Walking Dead* incluyen un *hashtag* (palabra o palabras precedidas por el símbolo de almohadilla #) en la esquina inferior de la pantalla. Buscando un *hashtag* específico, los fans se reúnen en línea para comentar ideas, barajar teorías y suponer con cautela lo que se avecina. A los productores televisivos les encanta este tipo de interacción, porque llega a ser viral (se difunde rápido) y es básicamente gratuita.

¿Por qué se molestan los famosos en enviar mensajes sobre qué comen, qué papel les gustaría interpretar o cuál es su próximo objetivo en la vida? En parte, por la misma razón que cualquiera: para compartir un momento íntimo, y también para relacionarse con su público de manera más familiar. La consultora de comunicación Kathleen Hessert dijo a *Forbes*: "La gente quiere conocer la parte más humana de los famosos, y estos quieren compartirla con autenticidad, porque creando un vínculo difícil de romper, enganchan a los fans necesarios para construir una carrera y mantener unos patrocinadores". Además, los famosos reconocen que enviar tuits con regularidad es genial para difundir noticias, comentar novedades y, en general, compartir información, puesto que los fans muy entregados están pendientes las 24 horas y no ven el momento de ser los primeros en retuitearlos.

No obstante, recuerda que ahí fuera hay numerosas cuentas falsas a nombre de celebridades. Busca siempre la señal blanca y azul de "verificado" que indica que son legítimas. Y ten presente que incluso en las cuentas fiables, los famosos tienen ayudantes que a veces tuitean por iniciativa propia. En resumen, los mensajes de las superestrellas deben tomarse con reservas.

Aprovechar el mensaje

Tienes un mensaje que compartir, una pregunta que formular, una petición que hacer… y solo 140 caracteres (recuerda que los espacios cuentan, pero las fotos, los *gifs* y los adjuntos, no). ¿Cómo aprovechar al máximo ese espacio tan limitado? He aquí unos consejos de una serie de expertos:

- Usa verbos fuertes y reduce los adjetivos y los adverbios.
- Escribe palabras cortas, en lugar de largas y complejas.

Una fan se hace una foto con el músico *country* Luke Bryan. De inmediato podrá descargarla vía Twitter en la línea temporal de los fans del artista.

- Reduce las palabras innecesarias, como *esto* y *que* o *cuál*.
- Elimina los pronombres personales.
- Escribe las cifras con números, no con letras.
- Si viene al caso, sustituye el sustantivo por iniciales.
- Utiliza abreviaturas, acrónimos o versiones acortadas de las palabras.
- Repasa el mensaje para ver si puedes condensarlo aún más.
- Vete al grano y sé lo más escueto posible.

Si esto no basta, hay otras opciones: incluir un enlace con un blog donde no haya limitación de caracteres o escribir dos mensajes. El problema de la última es que, aunque la separación entre tuits sea solo de unos segundos, estarán separados por media docena o más mensajes en la línea temporal de alguien. Si pese a esto lo haces, asegúrate de indicar que uno es la continuación de otro.

MITOS y HECHOS

MITO **Twitter solo sirve para las relaciones sociales.**

HECHO La revista *Time* lo llama *el medio del movimiento* y lo considera una de las herramientas de comunicación más importantes de la época. En 2008, los tuiteros ayudaron al planeta a mantenerse actualizado sobre lo que ocurría durante los ataques terroristas de Mumbai. Al año siguiente, los iraníes lo utilizaron para organizar protestas contra su Gobierno.

MITO **La gente solo publica mensajes por divertirse.**

HECHO La diversión es uno de los motivos que empuja a la gente a entrar en Twitter, pero ni mucho menos es el único. Para numerosos políticos, famosos y empresarios es una herramienta de mercado ideal, y para los activistas y otros grupos es valioso para proponer planes y liderar conversaciones sobre temas importantes.

MITO **Tener una cuenta en Twitter no da beneficios económicos.**

HECHO Aunque Twitter no da beneficios a los seguidores y similares como YouTube (por número de visitas y publicidad en vídeos), puede despertar el interés por ciertos productos y servicios, o llamar la atención sobre una obra publicada. Esto conlleva visitas provechosas a una página web o la publicación de vídeos en YouTube u otros medios en los que sí se gana dinero.

Capítulo 2

Estar al corriente

Compartir noticias hace años llevaba tiempo. La mayoría de los mensajes se enviaban por carta, que a veces tardaba semanas en llegar. El telégrafo, inventado en 1837, aceleró mucho las cosas, pero nada es comparable a lo que ahora tenemos al alcance de la mano. Los dispositivos actuales posibilitan seguir el curso de acontecimientos minutos o segundos después de su inicio, o hasta vivirlos en directo. Twitter es una de las principales plataformas que lo permite.

No hace mucho, la gente veía las noticias en la televisión local, estatal, nacional o internacional. Hoy, se envían mensajes desde el momento mismo en que se ve o se sabe algo importante. A principios del 2016, decenas de miles de personas tomaron parte en la #DrummondPuddleWatch de Newcastle, Inglaterra. Sí, había un charco enorme y la gente ideaba nuevos medios de cruzarlo, pero ¿era relevante? Richard Jones, profesor de Periodismo de la Universidad de Huddersfield, dijo a sus oyentes: "El flujo de información mundial ya no lo controlan ni Associated Press ni Reuters, porque esa información se está

La época de las noticias impresas está casi obsoleta. Muchos acontecimientos se retransmiten vía Twitter antes de que la mayoría de las agencias de noticias con presencia digital escuchen el rumor.

tuiteando... El primer reportaje sobre el ataque que mató a Osama bin Laden en Paquistán no procedió de una fuente oficial, sino de una local, un consultor de nuevas tecnologías". Alecia Swasy, profesora de Periodismo Financiero de la Universidad de Illinois, dijo al *Illinois News Bureau*: "Cuando un hombre disparó al público en un cine de Colorado, las 24 primeras horas de cobertura del *Denver Post* se vieron interrumpidas únicamente en plataformas de medios sociales como Twitter, cuando la edición impresa estaba todavía en los camiones de reparto".

Que Twitter sea un medio esencial para conocer las noticias se debe, entre otras cosas, a que proporciona detalles en tiempo real. Como Lyse Doucet, corresponsal internacional jefe de la BBC, afirma: "No hay duda: si no estás en Facebook o en Twitter, no te enteras de todo".

Por desgracia, los tuits no siempre son rigurosos y apropiados. A veces se publican vídeos demasiado gráficos o que violan la privacidad de otros. Famosos como Jon Bon Jovi, Morgan Freeman y Jeff Goldblum han sido erróneamente dados por muertos en la plataforma.

Como Irina Raicu, directora del programa de Ética en Internet de la Universidad de Santa Clara, dijo a CIO: "El aspecto sin filtrar de los medios sociales conduce, en ciertas plataformas, a diálogos muy venenosos, tanto que la gente huye de la conversación. Y también posibilitan la propagación rápida y fácil de información errónea o sesgada".

Meterse en política

Twitter también facilita el seguimiento de la política. Así como aprovechar la información de otros, viene bien que

Los sucesos en directo, como la respuesta de los servicios de emergencia en este accidente de una calle de Nueva York, pueden seguirse en tiempo real vía Twitter.

uno mismo destaque temas que podrían pasar inadvertidos y difunda mensajes políticos. A los líderes les sirve para organizar actos, como protestas o encuentros, o para animar al voto. Esto es especialmente cierto para las causas y los candidatos menos conocidos. Si las elecciones de un alcalde pasan desapercibidas, con unos cuantos mensajes de usuarios entregados se llamará la atención de mucha gente de la localidad.

Gracias a Twitter, además de publicar mensajes sobre diversos temas, debatir con pasión esos temas y encontrar personas afines para charlar y relacionarte, puedes involucrarte en campañas electorales, así como ayudar a la recaudación de fondos para tu candidato. También es posible hacer peticiones al Gobierno y a cualquier funcionario electo sobre los asuntos que más interesan.

Esta joven se hace un *selfie* para anunciar y conmemorar su participación en unas elecciones. La línea temporal de Twitter nos sirve como álbum de recortes para conservar nuestras experiencias.

El periodista Vann Newkirk escribió en *Atlantic*: "Los comentaristas y los votantes se dirigen a los más altos cargos mundiales con candor y franqueza —y a menudo con malevolencia y grosería— e incluso participan en verdaderos diálogos. Este diálogo abierto reforzó la responsabilidad de varios políticos y hasta provocó la caída de algunos que no eran conscientes de las nuevas reglas del juego".

Casi todos los miembros del Congreso estadounidense tienen cuenta en Twitter porque, en palabras de Newkirk: "Un candidato sin Twitter es un

Hacerse visible

Los tuits de texto son solo una parte de la experiencia de Twitter. A muchos usuarios les encantó que la plataforma adquiriera en 2015 Periscope, una aplicación para retransmitir vídeo en directo. Con ella, además, la grabación se mantenía 24 horas, en lugar de desaparecer al acabar la retransmisión. Su sitio web dijo: "Parecerá una locura, pero quisimos construir lo más próximo a la teletransportación. Pese a que hay muchas maneras de descubrir acontecimientos y lugares, nos dimos cuenta de que no hay mejor forma de experimentar un sitio que el vídeo en directo".

Periscope es una aplicación para celular, por lo que permite grabar vídeos personales cuando viene la inspiración y, además, compartir ese momento de tu línea temporal con otros. Cualquiera que lo vea puede comentarlo y formularte preguntas. Periscope proporciona sin duda una sensación de que "estás ahí". En diciembre del 2016, Verge informó de que Periscope estaba totalmente integrada en la interfaz de Twitter. Los usuarios ni siquiera necesitaban descargarse la aplicación, ya que el nuevo rasgo de la plataforma se "accionaba" mediante Telescope.

candidato perdedor". Uno de los fans más prolíficos de la plataforma es el presidente Donald Trump. Sus mensajes conformaron gran parte de su campaña electoral del 2016, pues, como él mismo dijo en ThoughtCo.com: "Me gusta [Twitter] porque yo también puedo expresar mi punto de vista ahí fuera, y mi punto de vista es muy importante para muchas personas que están pendientes de mí".

Muchos de sus tuits molestan y provocan encendidos debates en el "tuiteruniverso". Barry Burden, profesor de Ciencias Políticas de la Universidad de Wisconsin-Madison, dijo a ThoughtCo.com: "Su [de Trump] uso agresivo e inusual de la plataforma genera noticias" hasta cuando sus tuits "violan las normas de las campañas por inciviles, conspiratorios y ofensivos".

Cuidado con los *trolls*

Si participas en Twitter, te expondrás a recibir un montón de opiniones personales. Con algunas estarás de acuerdo, otras te molestarán o incluso te enojarán. Recuerda que el debate sereno o encendido está bien, pero entrar en línea solo para discutir con la gente y atacar sus puntos de vista no conviene, porque te ganarías la reputación de *troll*.

Un *troll* es alguien que fomenta los ataques y el acoso en línea empezando discusiones o enviando mensajes ofensivos con el fin de provocar. No desea expresar sus ideas ni participar en debates, ni mostrar su desacuerdo con una postura sobre un asunto. Su principal propósito es fastidiar.

¿Qué hacer si un *troll* nos acosa? En primer lugar, no seguir su ejemplo y contestarle airados. Dicho de otro modo: "no los alimentes". Utiliza los botones de silenciar o bloquear. Como Brooke Magnanti escribió en el *Telegraph*: "Está bien bloquear a la gente, está bien ignorarla, está bien que uses tu propio espacio en línea cuando te apetezca. Eso no es censura ni priva a nadie de su plataforma para hablar, solo le impide robar tu tiempo y tu energía".

Si su comportamiento se vuelve inaguantable, denúncialo a Twitter. Desde la primavera del 2016, la plataforma simplificó dicho proceso. Los

Aunque la mayoría de la gente que conozcas en Twitter no sean amigos íntimos en la vida real, cualquier tipo de acoso en la plataforma resulta hiriente.

usuarios recopilan los mensajes molestos y los adjuntan en una única reclamación. Según escribió el ingeniero de Twitter Hao Tang en el blog oficial de la plataforma, la compañía quiere que sus usuarios se sientan protegidos y, como el comportamiento abusivo es contrario a sus normas, añadieron el nuevo procedimiento: "Con esta actualización, el usuario podrá darnos más datos sobre el alcance del abuso y reducirá el tiempo para hacerlo". Twitter te permite interactuar con el mundo en un instante, pero asegúrate de llevar contigo —y de esperar— buenas maneras.

Capítulo 3

Crear una comunidad

La oferta de Twitter no se limita al consumo pasivo de noticias o entretenimiento. Es también una increíble herramienta para conectar con otros en busca de estímulo, apoyo o activismo. Mitiga la soledad relacionando a personas con intereses similares. Para Twitter, es importante reunir a personas afines, con la misma identidad étnica o de género, por ejemplo. Además, ayuda a extender esas redes, establecer alianzas y debatir de forma educada e ilustrativa con comunidades totalmente distintas.

Los tuiteros se han servido de la plataforma para ayudar a familias desplazadas, víctimas de desastres naturales o de abusos, demandantes de empleo, animales abandonados e incluso investigadores que buscaban gente para grupos focales.

Una cuenta en Twitter para una banda escolar mantendrá informados a los amigos y familiares de las actuaciones y ayudará a sus miembros a estar conectados tanto en casa como fuera de ella.

File Edit View Favorites Tools Help

HASHTAGS MÁS FAMOSOS Y OTROS RÉCORDS

Hashtags más famosos y otros récords

A veces, un *hashtag* despega y es compartido por miles o incluso millones de tuiteros. Algunos de los más conocidos de la historia reciente de Twitter son:

Hashtag	**Motivado por**
#JeSuisCharlie ('Soy Charlie')	Atentado del 2015 en París contra el semanario *Charlie Hebdo*.
#BlackLivesMatter ('La vida de los negros importa')	Tiroteos policiales contra ciudadanos negros desarmados en EE.UU.
#MarriageEquality	Legalización del matrimonio gay.
#RefugeesWelcome	Refugiados de Oriente Medio.
#Election2016	Campaña electoral entre Hillary Clinton y Donald Trump.
#Brexit (Brexit: '*British Exit*')	Votación británica para salir de la Unión Europea.

Uno de los tuits más interesantes de todos los tiempos fue enviado en mayo del 2009 ¡desde el espacio! El astronauta Mike Massimino escribió: "Desde la órbita: ¡el lanzamiento fue asombroso! Estoy de maravilla, trabajando duro y disfrutando de las magníficas vistas. ¡Comenzó la aventura de mi vida!".

Con un pequeño tuit de mis amigos

Aunque ciertas personas desestiman el activismo de los tuiteros, no cabe duda de que en muchos casos ayuda a la gente. Por ejemplo, en 2014, el desafío Ice Bucket ayudó a recaudar más de 115 millones de dólares para la ALS Association, y el movimiento se difundió vía Twitter. Más de 117 mi-

Es de suponer que al menos algunos jóvenes de esta marcha de Black Lives Matter para protestar contra la muerte de Paul O'Neal a manos de la policía en Chicago, Illinois, se enteraron del tema gracias al movimiento #BLM de Twitter.

llones de personas se arrojaron cubos de agua helada por encima a cambio de donaciones para investigar el tratamiento de la esclerosis lateral amiotrófica.

Quizá uno de los ejemplos más significativos de un *hashtag* con impacto en el mundo real sea #BlackLivesMatter. Esta campaña fue lanzada en Twitter por los activistas Patrisse Cullors, Alicia Garza y Opal Tometi

(continúa en la página 29)

File Edit View Favorites Tools Help

SER EXPULSADO DE TWITTER

Ser expulsado de Twitter

¿Qué tienen en común el escritor y periodista Charles Johnson y el editor Milo Yiannopoulos? Que fueron expulsados de Twitter. A lo largo de los años, la plataforma ha actualizado y revisado sus normas sobre mensajes abusivos y "conducta odiosa", y también se ha esforzado mucho por facilitar la denuncia de cualquier tipo de abuso. Se sirve de un sistema de advertencias y prohibiciones antes de dar el paso de suspender para siempre a un usuario, y eso hizo con Johnson y Yiannopoulos. Sus normas establecen: "Suspenderemos una cuenta si fue denunciada ante nosotros por violar nuestras Normas referentes al abuso. Si una cuenta se empeña en el comportamiento abusivo, como enviar amenazas a otros o suplantar las cuentas de otros, la suspenderemos temporalmente o, si viene al caso, de forma permanente".

¿Por qué se expulsó a Yiannopoulos? "Mi suspensión dejó una cosa clara", dijo en una entrevista para NPR, "Twitter no defiende la libertad de expresión". La plataforma argumentó que, aunque el editor llevaba años insultando a la gente, la gota que colmó el vaso fueron sus comentarios racistas contra la actriz Leslie Jones (de *Saturday Night Live* y *Ghostbusters*), y que animara a una multitud de tuiteros a acosarla en la plataforma.

En lo referente a Johnson, hizo de todo, desde publicar la dirección particular de ciertos periodistas a pedir donaciones para "eliminar" a un activista de Black Lives Matter, insinuando que lo mataran. En respuesta, Johnson escribió en GotNews.com: "Twitter no parece tener problemas con la gente que utiliza sus servicios para organizar revueltas, pero sí los tiene con mi tipo de periodismo".

¿Quién más puede ser expulsado? Según ciertos informes, se vigila con atención al presidente Trump. La compañía no tendrá reparos en echarlo si hace amenazas explícitas o viola sus normas de comportamiento, por ejemplo, las de acoso. Como ha declarado repetidas veces, sus normas se aplican a todos, presidente incluido. Mientras algunos piensan que deberían suspenderlo, otros consideran que es un tipo de censura que debe evitarse a toda costa. Ben Wizner, experto en libertad de expresión de la Unión Estadounidense por las Libertades Civiles, dijo al *New York Times*: "El mundo estaría mucho peor si echaran a Trump de Twitter. Antes, durante y después de su elección, todos descubrimos cosas muy importantes sobre él por su forma de comportarse en este medio sin filtros, así que ni nuestro discurso ni nuestra democracia se beneficiarían de quitarle ese canal".

en 2013, indignados por la exculpación de George Zimmerman, el vigilante de Florida que mató de un tiro al adolescente Trayvon Martin en 2012. Su *hashtag*, que se extendió como la pólvora, animó a muchos afroamericanos y a sus aliados a manifestarse, primero contra la violencia policial en sus comunidades y después contra las desigualdades en el sistema judicial y la sociedad en general. Docenas de sucursales se movilizaron por todo el mundo para formar un poderoso movimiento activista. Tanto #BlackLivesMatter como #BLM se tuitean con frecuencia cuando hay casos de brutalidad policial.

Al compartir sucesos importantes en un formato como Twitter, es posible difundirlos con mayor rapidez que un solo periodista. Como Corey Smock escribió en Likeable.com: "Aunque algunos se refirieron a este movimiento como 'vagoactivismo', constituyó una llamada de atención para los medios de comunicación internacionales. Los millones de personas que se unieron por todo el mundo tuvieron sin duda mayor influencia que el simple reportaje de un periodista inquieto".

Twitter no solo sirve para seguir noticias y comentarlas, sino para involucrarse en una causa y organizar actos o, al menos, ayudar a promocionarlos. No obstante, aunque tocar una pantalla o hacer clic en un ratón sea un primer paso para mejorar nuestro planeta, no es el único. Los actos del mundo real pueden comenzar con un mensaje retuiteado, pero es preciso que no acaben ahí.

Hacer amigos... y seguidores

En palabras del empresario estadounidense Dick Costolo: "Una de las cosas que me fascina de Twitter es cómo elimina las barreras de la comunicación. Las diferencias económicas, políticas o sociales, que suelen impedir que la gente se relacione, en Twitter desaparecen", y añade: "Ves debates que no existirían en ningún otro lugar".

Lake Worth High School, equipo de debate de Lake Worth, Florida, consulta su estrategia. Muchos consideran que Twitter es un espacio de debate en directo.

Encontrar grupos para comunicarse requiere una búsqueda en línea y, una vez que los estás siguiendo, solicitarles perfiles adicionales. Sin embargo, en Twitter, basta con poner el símbolo de almohadilla (#) delante de la palabra o palabras más significativas del tema o la causa que interese. Por ejemplo, las personas con alguna discapacidad utilizan, entre otros, estos *hashtags* (etiqueta formada por #palabra o palabras):

- #barrerasNo
- #ensilladeruedas
- #discapacidadpositiva
- #inclusiónya
- #AutismoActual
- #disCapacidad
- #disCapacidadAuditiva
- #EnfermedadInvisible
- #fundiabetes
- #PerrosGuía

Si te interesa conectar con gente de la comunidad LGBTQ, mira *hashtags* como:

- #nacidoasí
- #amoresamor
- #orgullogay
- #derechosgays
- #derechostrans
- #todomejora
- #stopacoso
- #prevenciónsuicidio
- #igualdad

Otra posibilidad es la que sugieren los autores de *Twitter for Dummies*: poner en la cuenta una declaración de intenciones que diga algo más sobre uno mismo. La escritora Laura Fitton sugiere esta plantilla:

"En (nombre de usuario), los (tipo de gente) encontrarán (valores que uno mismo ofrece)."

Una vez que conectes con otros, podrán seguirse entre sí, compartir enlaces y trabajar juntos para involucrarse más en su comunidad.

Capítulo 4

Promocionarse

Además de una herramienta para ayudar a otros, Twitter es una gran plataforma para promocionarse. Se pueden buscar empleadores o conseguir información sobre una industria en particular. Para el creativo que acaba de empezar —músico, periodista, escritor o editor de vídeos, entre otras cosas—, nada es comparable al tipo de contactos que ofrece. Pon a trabajar tus mensajes para promocionar lo que quieras compartir con el mundo, ya sea un blog, un vlog de YouTube, un sitio web, o productos y servicios reales.

Conseguir resultados... y trabajo

Twitter te ayudará a conectarte con las compañías más deprisa que enviando un *email* o una carta. En algunos casos, el servicio de atención al cliente responderá a tus preguntas o quejas en cuestión de horas, en vez de días o semanas. Las compañías siguen la pista a sus clientes más leales y utilizan la información para predecir las próximas tendencias de los consumidores. Anunciarse es fácil y rápido las 24 horas del día. Una tormenta en Twitter

A los pequeños empresarios y a los trabajadores autónomos, Twitter les proporciona una valiosa herramienta para anunciar servicios, promocionar habilidades y conseguir fans y clientes.

(ráfaga de mensajes de muchos usuarios con quejas o comentarios negativos sobre una compañía o un producto) lleva en ocasiones a la empresa a modificar sus normas o hacer cambios internos.

Con la plataforma es posible mirar ofertas de empleo e incluso obtener un contrato laboral, o al menos conocer a las personas que lo harían posible. Luke Westaway, editor de CNET, dijo al *Guardian*:

"Twitter me consiguió un trabajo, más o menos. Allá por 2009, cuando blogueaba como un loco para abrirme camino en el periodismo tecnológico, Twitter me puso en contacto con periodistas que ya lo habían conseguido, los seguí, observé sus costumbres y, cuando reuní el valor suficiente, metí baza en sus conversaciones con educados comentarios... Usé Twitter para conocer gente con la que soñaba trabajar y para hacerme un sitio en eventos industriales y obtuve una vista de helicóptero de una industria exclusivista que no hubiera logrado de otra forma. Recuerdo que entré en Twitter para aceptar el vale de comida que ofrecía un periodista y que después de aclarar el tema mediante DM (mensajes directos), le pedí una dirección de *email* para pujar también por trabajos *freelance*. ¡Y ahora trabajo con él en la CNET!".

Twitter, una de las plataformas de los medios sociales, sirve para conseguir cosas, ya se relacionen con los negocios o con la diversión.

"Oiga, le gustaría ver... "

En ocasiones, Twitter también sirve para que corra la voz sobre algo en lo que se trabaja. Desde luego, 140 caracteres son más bien pocos, así que publica una pequeña actualización o menciona una venta o una promoción especial

File Edit View Favorites Tools Help

GRAMÁTICA DE TWITTER

Gramática de Twitter

La escritura abreviada y el uso de acrónimos que abunda en las redes sociales como Twitter, ¿ayuda a la evolución del lenguaje o a su involución? Depende de a quién se pregunte. Ciertos docentes creen que el lenguaje de la mayoría de estos sitios enseña a los estudiantes a ignorar las reglas gramaticales y a prescindir de palabras importantes. El profesor David Abulafia, de la Universidad de Cambridge, dice que estas nuevas costumbres "tiran por la borda" la capacidad de redacción estudiantil. Sin embargo, un estudio de Pew Research Center's Internet & American Life Project en colaboración con National Writting Project afirma que el 78% de los profesores de instituto cree que las tecnologías digitales "estimulan la creatividad y la expresión personal".

Además, casi todos los docentes coinciden en que estas tecnologías dan a los estudiantes la oportunidad de compartir sus escritos con un público amplio y diverso. El profesor Joel Malley dijo a ABC News: "Potencia una cultura de creatividad. Ellos [los estudiantes] saben que se les verá y se les vigilará. No están en ningún armario". Kristen Purcell, directora de investigación del Pew Center, añadió: "La mayoría de los profesores no consideran los mensajes como escritura formal: ellos lo denominan *preescritura*. Los jóvenes empiezan a expresar sus pensamientos, lo que significa que escriben más, y eso es una ventaja".

No todo el informe es positivo, sin embargo. Ciertos estudios demuestran que el uso frecuente de la "chatlengua" empeora la gramática y la ortografía. Por eso, hay que prestar especial atención a las viejas normas, incluso al utilizar tecnologías de vanguardia.

y añade el enlace del sitio web que contenga los detalles. En función del producto o servicio, quizá te convenga tener cuentas separadas para las relaciones personales y las profesionales. Sobrecargar las líneas temporales de tus amigos con algo que es básicamente publicidad resultaría tedioso.

Otra idea es incluir fotos de fondo relativas a tu trabajo o declaraciones cortas acerca de proyectos recientes. Tómate tiempo para ver las opiniones de los demás sobre las ideas de un nuevo producto, pregúntales qué les gustaría verte hacer a continuación y ofrece descuentos a los que retuitean (envían a otros) tus actualizaciones. Asegúrate de alcanzar a más gente aparte de tu familia y amigos; ponte en contacto con otros blogueros, propietarios de tiendas, artistas y diseñadores.

Un artista que venda sus servicios como ilustrador puede tuitear muestras, aunque mantenga ciertos trabajos o proyectos en secreto. También conviene hacer amigos relacionados con revistas, libros, publicidad, música u otros campos que precisen artistas. Los escritores disponen de una plataforma extraordinaria para enlazar con sus blogs u otros sitios de Internet donde publiquen su trabajo. Una pieza persuasiva puede volverse viral, o al menos circular, entre cientos de personas en muy poco tiempo, incluso si el autor solo cuenta con unas docenas o unos cientos de seguidores. Los músicos pueden mantener a sus fans, actuales y potenciales, al corriente de sus actuaciones y giras.

Solo bromeo

Twitter es terreno abonado para humoristas de todo tipo. Ya actúen o escriban, muchos perfeccionan su oficio tuiteando chistes cortos. Conseguir adeptos garantiza un barómetro exacto para medir si lo escrito es de verdad gracioso. Unos cientos o unos miles de seguidores y la misma cantidad de retuits es la mejor recompensa para los humoristas en línea. En Twitter, hay tanto aficionados como profesionales que se ganan el sustento sobre todo en la plataforma.

En los tiempos que corren, mucha gente tiene negocios caseros. Twitter puede convertirse en una valiosa herramienta de mercado para lo que cada uno ofrezca.

Quien prueba suerte tuiteando chistes debe recordar que suele dar mejores resultados apuntar alto —burlarse de los poderosos— que bajo, o apilar descalificaciones sobre gente distinta, por etnia, identidad de género, nivel de ingresos u otras características.

Twitter es un medio fantástico para compartir con el mundo quién eres y lo que te importa, y cuanto más aumenta su popularidad, más crece su alcance. Queda en manos del usuario utilizar su potencial con un propósito. Conéctate, envía un mensaje y estarás en marcha.

10 PREGUNTAS PARA UN USUARIO DE TWITTER

1 ¿Cómo me hago una cuenta en Twitter?

2 ¿Cómo elige la gente su apodo?

3 ¿Cómo incluyo un vídeo en mi mensaje?

4 ¿Cómo aumento mi número de seguidores?

5 ¿Puedo enviar mensajes a un número limitado de personas o son todos públicos?

6 ¿Cómo sé si sobrepaso los 140 caracteres permitidos en mi mensaje?

7 ¿Cómo se retuitea un mensaje?

8 ¿Cómo accedo a Twitter con mi teléfono?

9 ¿Cómo enlazo en mi tuit con otros sitios web?

10 ¿Cómo utilizo Twitter para algo más que relacionarme socialmente?

GLOSARIO

acrónimo Sigla que se puede leer como una palabra; sigla es el conjunto de iniciales de una expresión.

afinidad Adecuación de caracteres, gustos, etc., entre dos o más personas.

apodo En Twitter, nombre que un usuario elige para su cuenta, precedido por el símbolo @.

auténtico Real, fidedigno, válido.

CEO Siglas de *Chief Executive Officer*, consejero delegado.

charla Conferencia breve y poco solemne.

clon Copia idéntica de algo o alguien.

condensar Acortar un escrito conservando su significado.

couch-surfing Alojarse en casa ajena o alojar invitados para viajar de forma más barata.

desplazado Obligado a abandonar su hogar.

difundir Propagar algo, sobre todo información o noticias.

discurso Exposición oral y pública de cierta extensión. Ideología, tesis o punto de vista.

erradicar Librarse de algo por completo.

GIF Formato de archivo gráfico que sirve para crear en línea animaciones o imágenes fijas.

hashtag Etiqueta de Twitter, consistente en una o varias palabras clave precedidas por el símbolo #. Facilita la búsqueda de temas.

mensaje directo (MD) Mensaje privado entre dos usuarios.

mentor Persona que aconseja, guía o sirve de modelo.

prolífico Muy productivo, sobre todo en tareas creativas.

sucinto Breve, conciso, que va al grano.

tedioso Algo que produce tedio, que aburre, por monótono o largo.

tormenta de Twitter Pico súbito de actividad en Twitter a propósito de una persona, un tema o un tuit controvertido.

PARA MÁS INFORMACIÓN

Family Online Safety Institute (FOSI)
400 7th Street NW, Suite 506
Washington, DC 20004
(202) 775-0158
Sitio web: http://www.fosi.org
Twitter: @FOSI
El FOSI, centrado en la seguridad en línea para todas las edades, está asociado con compañías como Amazon y Yahoo!. Celebra una conferencia anual sobre seguridad en línea.

Social Media Club (SMC)
Global Headquarters
PO Box 14881
San Francisco, CA 94114-0881
Sitio web: http://socialmediaclub.org
Twitter: @socialmediaclub
El SMC acoge convenciones por todo el mundo con el fin de explorar asuntos clave relativos a los medios sociales y la comunicación.

Social Media Lab
10 Dundas Street East, #1002
Toronto, ON M5B 2G9
Canadá
Sitio web: http://socialmedialab.ca
Twitter: @SMLabTO
El Social Media Lab es un laboratorio de investigación multi e interdisciplinar de la Ted Rogers School of Management, perteneciente a la Universidad Ryerson, de Toronto, Canadá. Estudia la influencia de los

medios sociales en la forma en que la gente se comunica, difunde información, dirige negocios y establece comunidades.

Twitter
1355 Market Street, Suite 900
San Francisco, CA 94103
Sitio web: https://about.twitter.com/company
Twitter: @Twitter
Este sitio de Internet detalla en qué consiste Twitter y dispone de enlaces con el blog oficial de la plataforma, especializada en "mantenerte conectado con todo y todos a través de Twitter".

Word of Mouth Marketing and Advertising (WOMMA)
200 E. Randolph Street, Suite 5100
Chicago, IL 60601
(312) 577-7610
Sitio web: http://womma.org
Twitter: @womma
WOMMA es una asociación dedicada al boca a boca y al marketing de los medios sociales.

Sitios de Internet

Debido a la naturaleza cambiante de los enlaces de Internet, la Editorial Rosen dispone de una lista de sitios en línea relacionados con el tema de este libro. Este sitio se actualiza con regularidad. Usa el siguiente enlace para acceder a la lista:

http://www.rosenlinks.com/DIL/Tweet

MÁS LECTURAS

Espejo, Roman. *What is the Impact of Twitter?* New York, NY: Greenhaven Press, 2013.

Gilbert, Sara. *The Story of Twitter*. Mankato, MN: Creative Education, 2015.

Henneberg, Susan. *Twitter Safety and Privacy: A Guide to Microblogging*. New York, NY: Rosen Publishing, 2013.

Hepperman, Christine. *Twitter: The Company and Its Founders*. Minneapolis, MN: Abdo Publishing Company, 2012.

Kamberg, Mary-Lane. *Evan Williams, Biz Stone, Jack Dorsey, and Twitter* (Internet Biographies). New York, NY: Rosen Publishing, 2013.

Kent, Germany. *You Are What You Tweet: Harness the Power of Twitter to Create a Happier, Healthier Life*. Culver City, CA: Star Stone Press, 2015.

Kielburger, Craig, and Marc Mielburger. *My Grandma Follows Me on Twitter: And Other First-World Problems We're Lucky to Have*. Toronto, Ontario: Me to We Publishing, 2014.

Lamont, Ian. *Twitter in 30 Minutes: How to Connect with Interesting People, Write Great Tweets, and Find Information that's Relevant to You*. Newton, MA: In 30 Minutes Guides, 2016.

Mattern, Joanne. *Twitter*. Minneapolis, MN: Checkerboard Library/Abdo Publishing, 2017.

Scott, Celicia. *Twitter: How Jack Dorsey Changed the Way We Communicate*. Broomall, PA: Mason Crest Publishers, 2014.

BIBLIOGRAFÍA

Carlson, Nicholas. "The Real History of Twitter." *Business Insider*, April 13, 2011. http://www.businessinsider.com/how-twitter-was-founded-2011-4.

Chamberlain, Craig. "How Has Twitter Changed News Coverage?" Illinois News Bureau. October 22, 2015. https://news.illinois.edu/blog/view/6367/267046.

Claire, Marie. "What Is Periscope? What You Need to Know about Twitter's New App." *Marie Claire*, June 16, 2015. http://www.marieclaire.co.uk/entertainment/technology/what-is-periscope-what-you-need-to-know-about-twitter-s-new-app-71206.

Cresci, Elena. "12 Ways Twitter Changed Our Lives." *Guardian*, March 21, 2016. https://www.theguardian.com/technology/2016/mar/21/12-ways-twitter-changed-our-lives-10th-birthday.

Fitton, Laura, Anum Hussain, and Brittany Leaning. *Twitter for Dummies*. Hoboken, NJ: John Wiley & Sons, 2015.

Greenberg, Andy. "Why Celebrities Twitter." *Forbes*, March 3, 2009. https://www.forbes.com/2009/03/03/twitter-celebrities-privacy-technology-internet_twitter.html.

Henry, Julie. "Art of Essay-Writing Damaged by Twitter and Facebook, Cambridge Don Warns." *Telegraph*, January 20, 2013. http://www.telegraph.co.uk/technology/social-media/9813109/Art-of-essay-writing-damaged-by-Twitter-and-Facebook-Cambridge-don-warns.html.

Kottasova, Ivana. "The Top Hashtag of the Year Had Nothing to Do with Donald Trump." CNN, December 6, 2016. http://money.cnn.com/2016/12/06/technology/twitter-top-events-hashtags-2016.

Krauskopf, Lewis. "Celebrities Tell Followers to #GetCovered with Obamacare." *Huffington Post*, October 2, 2013. http://www.huffingtonpost.com/2013/10/02/getcovered-obamacare-celebrities-_n_4029727.html.

Lee, Aaron. "Twitter Makes It Easier to Report Trolls' Abusive Tweets." *IT Pro*, April, 26, 2016. http://www.itpro.co.uk/strategy/26421/twitter-makes-it-easier-to-report-trolls-abusive-tweets.

Lee, Dave. "How Twitter Changed the World, Hashtag-by-Hashtag." BBC News, November 7, 2013. http://www.bbc.com/news/technology.

Magnati, Dr. Brooke. "How to Deal with Twitter Trolls." *Telegraph*, May 20, 2013. http://www.telegraph.co.uk/women/womens-life/10068940/How-to-deal-with-Twitter-trolls.html.

Manjoo, Farhad. "Twitter Has the Right to Suspend Donald Trump. But It Shouldn't." *New York Times*, December 14, 2016. https://www.nytimes.com/2016/12/14/technology/twitter-has-the-right-to-suspend- donald-trump-but-it-shouldnt.html?_r=0.

Murse, Tom. "How Social Media Has Changed Politics." ThoughtCo. August 23, 2016. https://www.thoughtco.com/how-social-media-has-changed-politics-3367534 Retrieved March 31, 2017.

Newkirk, Vann. "The American Idea in 140 Characters." *Atlantic*, March 24, 2016. https://www.theatlantic.com/politics/archive/2016/03/twitter-politics-last-decade/475131.

Newton, Casey. "You Can Now Broadcast Live Video from the Twitter App." Verge, December 14, 2016. http://www.theverge.com/2016/12/14/13942840/twitter-live-video-periscope-integration.

Restle, Hope. "Here's Who Is Using Twitter around the World." *Business Insider*, June 30, 2015. http://www.businessinsider.com/who-uses-twitter-2015-6.

Selyukh, Alina. "What Does It Take to Get Permanently Banned from Twitter?" NPR, July 20, 2016. http://www.npr.org/sections/alltechconsidered/2016/07/20/486738705/what-does-it-take-to-get-permanently-banned-from-twitter.

"Six Ways Twitter Has Changed the World." Conversation, March 18, 2016. http://theconversation.com/six-ways-twitter-has-changed-the-world-56234.

Smock, Corey. "How Twitter Has Changed Journalism Forever." Likeable Media, August 28, 2014. http://www.likeable.com/blog/2014/08/how-twitter-has-changed-journalism-forever.

Stern, Joanna. "Social Media Makes for Better Student Writing, Not Worse, Teachers Say." ABC News, July 16, 2013. http://abcnews.go.com/Technology/social-media-makes-student-writing-worse-teachers/story?id=19677570.

Trimarchi, Maria. "5 Myths About Twitter." HowStuffWorks.com, July 24, 2009. http://electronics.howstuffworks.com/tech-myths/5-myths-about-twitter.htm.

Williams, Rhiannon. "What Is Twitter's New Periscope App?" *Telegraph*, March 28, 2015. http://www.telegraph.co.uk/technology/2015/12/010/what-is-twitters-new-periscope-app.

ÍNDICE

Acerca de la autora

Tamra Orr ha escrito cientos de libros educativos y de no ficción para lectores de todas las edades. Es titulada por la Universidad Ball State en Educación e Inglés, y pasa su vida aprendiendo sobre el mundo. Vive con su familia en el Pacífico Noroeste, donde investiga y escribe durante su horario laboral; en su tiempo libre hace acampada y escribe cartas. Ha publicado *Creating Multimedia Presentations*, *I Have Been Shamed on the Internet. Now What?* y *What Degree Do I Need to Pursue a Career in Business?*

Créditos fotográficos

Cubierta, p. 1 (de izquierda a derecha) karelnoppe/Shutterstock.com, antoniodiaz/Shutterstock.com, blackday/Shutterstock.com, Portrait Images Asia by Nonwarit/Shutterstock.com; p. 5 Sattalat Phukkum/Shutterstock.com; p. 8 Anna Om/iStock/Thinkstock; p. 10 George Rudy/Shutterstock.com; p. 13 Debby Wong/Shutterstock.com; p.17 Seraficus/iStock/Thinkstock; pp. 18-19 Education Images/Universal Images Group/Getty Images; p. 20 Hero Images/Getty Images; p. 23 © iStockphoto.com/Jeremyiswild; pp. 24-25 Monkeybusinessimages/iStock/Thinkstock; p. 27 NurPhoto/ Getty Images; p. 30 ZUMA Press Inc/Alamy Stock Photo; p. 33 Chaay Tee/ Shutterstock.com; p. 34 Twin Design/Shutterstock.com; p. 37 Ermolaev Alexander/Shutterstock.com; cubierta y páginas interiores (píxeles) © iStockphoto.com/suprun.

Diseñador: Nichole Russo-Duca; Puesta en papel: Raúl Rodriguez; Director editorial, español: Nathalie Beullens-Maoui; Editor: Ana María García; Investigador fotográfico: Karen Huang